AF247125

DE LA

RESPONSABILITÉ

PÉNALE ET POLITIQUE

DES MINISTRES

DISCOURS

PRONONCÉ PAR Mᴱ JULES BRISAC

A la rentrée de la Conférence des Avocats stagiaires

Dans sa séance du 20 janvier 1890

LYON

IMPRIMERIE MOUGIN-RUSAND

3, rue Stella, 3

1890

DE LA

RESPONSABILITÉ

PÉNALE ET POLITIQUE

DES MINISTRES

DE LA
RESPONSABILITÉ

PÉNALE ET POLITIQUE

DES MINISTRES

DISCOURS

PRONONCÉ PAR Mᵉ JULES BRISAC

A la rentrée de la Conférence des Avocats stagiaires

Dans sa séance du 20 janvier 1890

LYON

IMPRIMERIE MOUGIN-RUSAND

3, rue Stella, 3

1890

DE LA

RESPONSABILITÉ PÉNALE ET POLITIQUE

DES

MINISTRES

Discours prononcé par Me Jules BRISAC

A la rentrée de la Conférence des Avocats stagiaires

Dans sa séance du 20 Janvier 1890

MONSIEUR LE BATONNIER,

MESSIEURS ET CHERS CONFRÈRES,

Il est un principe fondamental sur lequel repose tout gouvernement libre, monarchie représentative ou république : c'est que les trois grands pouvoirs de l'Etat doivent être profondément distincts les uns des autres. Si l'on veut garantir les libertés publiques, si l'on veut assurer l'ordre dans l'Etat, il est de toute nécessité que l'exercice des pouvoirs souverains soit confié à des mains différentes : sans leur séparation, il n'y a que despotisme ou anarchie.

Mais il faut y prendre garde : on manquerait singulièrement le but que l'on se proposait d'atteindre, si, en exagérant le principe de l'indépendance des pouvoirs, on arrivait à établir leur complet isolement. Des conflits naîtraient, qui, ne trouvant pas de solution juridique, mettraient en danger

^la vie de l'Etat, épuiseraient les forces de la nation dans une
^lutte stérile : ce serait le désordre, puis les coups d'Etat,
toutes choses que la séparation des pouvoirs a précisément
pour but d'éviter.

Il faut donc, pour la sauvegarde du droit, qu'il existe des
institutions de nature à atténuer cette division ; il faut chercher les moyens propres à prévenir les conflits, à les résoudre lorsqu'ils se sont élevés.

Une des solutions de ce problème se trouve dans le principe
de la responsabilité ministérielle, qui, en même temps qu'elle
fait disparaître l'opposition possible entre les pouvoirs législatif et exécutif, donne à la représentation populaire une
arme contre l'illégalité et l'inconstitutionnalité des actes du
Gouvernement.

C'est, Messieurs, de cette responsabilité des Ministres que
j'ai dessein de vous entretenir. Non pas que j'aie l'intention,
ni la prétention de faire sur la matière œuvre complète :
outre que mes forces personnelles ne me le permettraient
peut-être point, le cadre restreint, qui m'est donné, ne s'y
prêterait guère. Je voudrais simplement, interprétant la
Constitution de 1875, m'éclairant des lumières de l'histoire,
rechercher ce qu'est aujourd'hui la responsabilité des
Ministres, la sphère dans laquelle elle est enfermée, les
différentes manières dont elle est mise en jeu, les sanctions
qu'elle comporte, enfin, en même temps que les avantages
et les inconvénients qui lui sont propres, les réformes qu'on
y pourrait apporter.

Messieurs, j'ai pensé qu'à une époque où la science constitutionnelle tend à prendre une place de plus en plus grande
dans l'enseignement du Droit, où chacun se préoccupe des
affaires de l'Etat, parce que chacun y participe, qu'aujourd'hui
surtout où notre régime parlementaire, dont la responsabilité
des Ministres est la base, a subi les plus rudes assauts, j'ai

pensé, dis-je, qu'il serait peut-être intéressant pour vous d'entendre sur la question un résumé juridique et historique, et qu'ainsi ce simple exposé, par lequel j'ai le très grand honneur d'inaugurer les travaux de votre Conférence, aurait, à défaut de tous autres mérites, celui de quelque actualité.

Lorsque le législateur de 1875 eut reconnu la nécessité d'admettre un pouvoir exécutif responsable, il se demanda s'il convenait de faire peser cette responsabilité sur le Chef même de l'Etat, ou s'il fallait plutôt y soumettre ses Ministres.

Son hésitation fut de courte durée : Se souvenant de la Constitution de 1848, qui avait démontré que « la responsabilité du Chef de l'Etat a pour corollaire le gouvernement personnel et qu'elle fait de lui un aspirant dictateur (1) », il décréta bien vite que le Chef de l'Etat serait irresponsable, sauf le cas de haute trahison, et fit supporter aux Ministres la véritable responsabilité. D'après la Constitution actuelle, aucun acte du gouvernement n'a force exécutoire, s'il n'est revêtu du contre-seing d'un Ministre, de telle sorte qu'il y a toujours un Ministre au moins qui, d'une façon déterminée, est responsable de la mesure prise.

Mais si les Ministres sont individuellement responsables de leurs actes personnels, ils le sont solidairement de la politique générale du Gouvernement. Il faut, en effet, distinguer les questions de détail que chaque Ministre peut régler seul, sans en référer à ses collègues, et les questions générales, qui sont des affaires de gouvernement, qui intéressent tous les Ministres, et pour lesquelles il doit y avoir concert entre eux. Pour ces dernières, c'est le Conseil qui en décide,

---

(1) Saint-Girons, *Séparation des pouvoirs*, p. 261.

et ses membres en ont solidairement toute la responsabilité.

Si un Ministre se rend coupable d'un crime ou d'un délit commis hors de l'exercice de ses fonctions, il doit être traité comme tout autre citoyen, et le droit commun doit recevoir son entière application.

La responsabilité, dont nous nous occupons, est celle qui porte sur les actes commis par le Ministre dans l'exercice de ses fonctions, c'est-à-dire, selon Rossi (1), soit sur les actes que le Ministre avait mission et devoir de faire, ce qui constitue véritablement les actes ministériels, soit les actes que le Ministre n'avait ni mission ni devoir de faire, mais qu'il a faits cependant en sa qualité de Ministre. Autrement dit, chaque fois qu'il y aura de la part d'un Ministre usurpation et exercice d'une puissance que la loi ne confère pas, ou bien mauvais usage d'un pouvoir que la loi autorise, le Ministre sera responsable.

Mais cette responsabilité ne saurait se réaliser de la même manière. On ne saurait traiter de même un Ministère concussionnaire, prévaricateur ou violateur de la Constitution, et un Ministère dont le seul crime serait d'inspirer la méfiance ou de ne pas satisfaire aux besoins du pays. De plus, un Ministre peut, dans l'exercice ou à l'occasion de l'exercice de ses fonctions, causer soit à l'Etat, soit à des particuliers, de graves dommages : la responsabilité qu'il encourt de ce chef ne peut se confondre avec les précédentes.

Il y a donc lieu, lorsqu'on parle de responsabilité ministérielle, de distinguer trois sortes de responsabilités : *la responsabilité politique ou parlementaire*, dont la seule sanction est la chute du Ministère ; *la responsabilité pénale*, qui se traduit par la mise en accusation des Ministres incriminés ; enfin *la responsabilité civile*, qui a pour but de per-

---

(1) *Droit constitutionnel.*

mettre aux individus, dont les intérêts matériels ont été lésés par un Ministre, d'obtenir une réparation pécuniaire.

J'aurais aimé traiter tour à tour de ces trois responsabilités. Le défaut de temps m'a contraint à laisser de côté la responsabilité civile. Je me bornerai donc à l'étude des deux autres, et m'écartant peut-être de l'ordre rationnel, je commencerai par la responsabilité pénale.

I

Quand je dis qu'en m'occupant tout d'abord de la responsabilité pénale, je ne suis pas un ordre très rationnel, cela n'est pas tout à fait exact. S'il est vrai, en effet, que la responsabilité pénale n'est qu'une aggravation de la responsabilité politique et qu'elle ne doit trouver son application que lorsque celle-ci ne suffit plus, il n'est point douteux qu'au point de vue historique, la responsabilité pénale a toujours précédé la responsabilité politique. En Angleterre, par exemple, tandis qu'au XIVe siècle la responsabilité pénale était déjà connue, il faut remonter jusqu'à la fin du XVIIe siècle pour trouver la responsabilité politique. De même en France, la responsabilité pénale date de 1791, et ce n'est que la Charte de 1814 qui contient une ébauche de la responsabilité politique.

De tout temps d'ailleurs, il y eut une sorte de responsabilité pénale. A Rome, sous la période républicaine et avant les *quæstiones perpetuæ*, les magistrats étaient soumis à une responsabilité criminelle. Ils pouvaient être traduits devant les Comices par centuries pour crime de *perduellio* et les Romains désignaient ainsi tout attentat à la sûreté de l'Etat. Pour tous les autres faits qui pouvaient leur être re-prochés, ils étaient justiciables des Comices par tribus.

Plus tard, les *quæstiones perpetuæ* (commissions permanentes) furent seules compétentes pour juger les crimes des magistrats et notamment celui de concussion. Devant ces *quæstiones*, tout citoyen pouvait être accusateur.

Enfin la responsabilité des magistrats romains était sanctionnée par trois lois : la loi *de ambitu* qui avait pour but, comme son nom l'indique, de s'opposer aux ambitions immodérées — ce qui prouve que les lois anciennes ne seraient pas toujours déplacées dans les constitutions modernes, — les lois *repetundarum*, qui réprimaient la concussion, et les lois de *lèse-majesté*, qui punissaient la trahison des magistrats en général et tout dommage causé à la République.

Laissons les anciennes monarchies, où l'arbitraire règne en maître ; passons sur les régimes de pouvoir absolu, qui sont la négation du principe de la responsabilité ministérielle, et arrivons à 1789. C'est de la Révolution en effet que date la véritable responsabilité pénale des Ministres.

Le peuple n'aimait pas les Ministres ; c'est eux qu'il accusait volontiers d'être la cause, de tous ses maux. Aussi les cahiers des Etats généraux sont-ils unanimes à demander la responsabilité des fonctionnaires et principalement des Ministres. Les uns veulent que la « contravention aux lois constitutionnelles soit déclarée crime d'Etat irrémissible et imprescriptible », les autres que « les infractions de la Charte et des droits de la nation soient réputées crimes de lèse-patrie et, comme tels, irrémissibles », tous, que la responsabilité vise la malversation des deniers publics. Duclos, dans ses mémoires, prétendait que les bonnes lois ne manquaient pas en France, mais qu'il se trouvait toujours des Ministres pour en faire plier quelqu'une : « Ne savent-ils pas, disait-il, que l'impunité leur est assurée, sans des circonstances uniques. »

C'est dans ces conditions que s'ouvrit l'Assemblée Constituante et Mounier, dans le projet de constitution qu'il présenta, posa le principe de la responsabilité des fonctionnaires : « Les Ministres, les autres agents de l'autorité royale sont responsables de toutes les infractions qu'ils commettent envers les lois, quels que soient les ordres qu'ils ont reçus et ils doivent en être punis, sur les poursuites des représentants de la nation. »

L'idée fut reproduite par la Constitution de 1791, qui, tout en repoussant le Gouvernement parlementaire que voulait Mirabeau et qui aurait peut-être évité bien des malheurs, décidait que les Ministres étaient responsables « de tous les délits par eux commis contre la sûreté nationale et la Constitution ; de tout attentat à la propriété et à la sûreté individuelle ; de toute dissipation des deniers destinés aux dépenses de leur département. » Et un autre article ajoutait : « En aucun cas l'ordre du roi, verbal ou par écrit, ne peut soustraire un Ministre à la responsabilité. »

Dans le système de la Constitution de 1793, la responsabilité des Ministres se confondit avec celle des membres du Conseil exécutif, lesquels étaient déclarés responsables en même temps que de l'exécution des lois et décrets, des abus qu'ils ne dénonçaient pas. Les mêmes principes se retrouvent dans la Constitution de l'an III.

La Constitution de l'an VIII distingua pour la première fois d'une façon expresse les délits de droit commun commis par les Ministres, et les délits tenant à l'exercice de leurs fonctions. Pour les premiers, s'ils emportaient peine afflictive et et infamante, les Ministres étaient justiciables des Tribunaux ordinaires. Pour les seconds, les Ministres étaient renvoyés devant la Haute Cour dans trois cas ;

1° pour tout acte de gouvernement signé par eux et déclaré inconstitutionnel par le Sénat; 2° pour inexécution des lois et des règlements d'administration publique; 3° pour les ordres particuliers qu'ils ont donnés, si ces ordres sont contraires à la Constitution ou aux lois ou aux règlements.

La Charte de 1814 déterminait également les cas de responsabilité; mais elle limitait le droit d'accusation aux seuls faits de trahison et de concussion.

La Charte de 1830, tout en reproduisant celle de 1814, ne fit pas la même restriction et elle annonça qu'une loi spéciale pourvoirait à l'organisation de la responsabilité des Ministres et autres agents du pouvoir.

Enfin le principe de la responsabilité ministérielle subsista avec la Constitution de 1848. Mais on l'étendit au Président de la République et, à la différence de la Charte, les faits qui pouvaient motiver le renvoi des Ministres devant la Haute-Cour n'étaient pas motivés.

Avec la Constitution de 1852 s'ouvre une période de réaction : les Ministres ne dépendent plus que du Chef de l'Etat.

Mais la France, éclairée par une cruelle expérience, se ressaisit après l'année terrible, et l'Assemblée nationale de 1875, soucieuse d'assurer au pays les bienfaits d'un gouvernement libre, rétablit la responsabilité du Ministère. L'art. 6 de la loi du 25 février 1875 avait dit : « Les Ministres sont responsables devant les Chambres de la politique générale du Gouvernement et individuellement de leurs actes personnels. » La loi du 16 juillet 1875 ajouta dans son art. 12 : « Les Ministres peuvent être mis en accusation par la Chambre des députés pour crimes commis dans l'exercice de leurs fonctions. En ce cas ils sont jugés par le Sénat. »

Ce fut tout, et la Constitution ne précisa en aucune façon, ni les crimes ou délits, qui peuvent entraîner la responsabilité pénale des Ministres, ni les peines qui la sanctionnent.

Le silence de la Constitution sur ce point est-il une lacune que la négligence a seule empêché de combler, ou n'est-ce pas plutôt un fait volontaire, tenant à l'impossibilité dans laquelle on se trouverait matériellement de faire une bonne loi sur la responsabilité ministérielle?

On a prétendu, en effet, qu'une pareille loi n'était ni nécessaire ni possible.

D'après Benjamin Constant, si chacune des manières de nuire à l'Etat devait être indiquée et spécifiée par une loi, le Code de la responsabilité deviendrait un traité d'histoire et de politique. D'ailleurs, ajoute-t-on, dire à un Ministre : voilà les actes particuliers que vous ne pouvez pas faire, c'est lui dire : il faut vous y prendre de telle ou telle autre manière. La position d'un Ministre est chose toute particulière ; le crime ministériel est un fait complexe, une réunion d'actes dont chacun, pris isolément, ne signifie rien. C'est un crime *constructif*, comme disent les Anglais, c'est-à-dire un crime qui résulte d'un ensemble de choses, d'actes, de tendances, de directions, et voilà pourquoi la poursuite d'un Ministre sera toujours un acte essentiellement politique, parce qu'il demande une appréciation politique de sa vie ministérielle. Or, comment faire des lois en pareille matière ?

Et M. Laboulaye, se faisant l'interprète de la même idée, disait : « Le grand défaut de la justice politique, c'est qu'on ne sait jamais dans quelle limite la contenir. Si vous faites une loi pour spécifier tous les abus dont un Ministre peut se rendre coupable, il faudrait une loi qui, à elle seule, remplirait plusieurs in-8°. »

A l'appui de ces considérations, on invoque l'expérience. Des projets de loi furent élaborés en France, en Italie, en Belgique : jamais aucun d'eux n'aboutit.

La conclusion de ces esprits est donc qu'il faut se borner à une énonciation très générale et laisser à la juridiction compétente une liberté d'appréciation très grande, soit pour caractériser les délits, soit pour en fixer la peine.

Je ne saurais, pour ma part, me ranger à une telle opinion, et j'estime, au contraire, qu'une loi déterminant d'une façon précise la sphère de la responsabilité pénale, est chose nécessaire. J'ajoute qu'elle est possible.

Messieurs, lorsque, jetant un regard en arrière, on voit des accusations telles qu'il s'en produisit contre le ministre Delessart, envoyé à l'échafaud « pour avoir professé dans ses notes des doctrines inconstitutionnelles »; quand on se rappelle, en 1828, M. de Villèle, accusé, sans fondement aucun, de trahison et de concussion; en 1846, M. Guizot, auxquels des hommes considérables viennent reprocher « d'avoir trahi au dehors l'honneur et l'autorité de la France; » quand on songe enfin qu'il y a quelques années à peine, en 1885, un projet d'accusation ministérielle s'est élevé, que des rivalités personnelles et les luttes de parti pouvaient seules inspirer et expliquer, on ne doute plus alors de la nécessité de la loi.

Sans doute, la tâche est difficile; mais qu'on prenne les cahiers de 1789, qu'on étudie nos diverses Constitutions et les Constitutions étrangères, qu'on examine les différents procès que l'histoire enregistre, et l'on reconnaîtra qu'il n'est pas au-dessus des forces du législateur de la remplir.

Je veux bien admettre qu'une telle loi ne sera jamais parfaite, que des lacunes se glisseront qui, à certaines époques, pourront être regrettables. Mais la responsabilité politique n'est-elle pas là pour atténuer les effets fâcheux de quelque omission et pour sauvegarder les intérêts de l'Etat ? Et sous ces réserves, ne vaut-il pas mieux laisser au besoin un cas particulier sans répression pénale, que de priver des garanties, accordées à tous les citoyens, des hommes exposés à l'esprit de parti, aux passions politiques, et de les livrer dans l'exercice de leurs multiples et délicates fonctions aux dangers du plus complet arbitraire ?

M. Pascal Duprat l'avait bien compris, lorsqu'en 1878 il déposait un projet de la loi sur la responsabilité pénale du Président de la République et des Ministres : « La Constitution, disait-il dans son exposé des motifs, s'est bornée à poser le principe dans une formule générale ; il reste au législateur à en régler l'application par des dispositions particulières (1). » Et M. Duprat, en même temps qu'il distinguait trois chefs principaux, haute trahison, concussion, prévarication, déterminait les infractions qu'il entendait ranger dans chaque catégorie. La propositition fut prise en considération, mais on n'alla pas plus loin, et aujourd'hui, soit pour le Président de la République dans sa responsabilité limitée, soit pour les Ministres, nous ne possédons aucune indication précise. Bien plus, les rédacteurs de la Constitution ont bien promis une loi fixant le mode de procéder pour l'accusation, l'instruction et le jugement ; mais ils sont restés muets en ce qui concerne une loi réglant l'étendue de la responsabilité pénale.

Est-ce donc, je le répète, de la part du législateur, négligence ou intention ? Je l'ignore. Quoi qu'il en soit, lorsqu'on lit dans le texte de la Constitution que le Sénat peut juger les Ministres pour les crimes commis dans l'exercice de leurs fonctions, on se demande quels peuvent être ces crimes.

En l'absence de toute loi spéciale, en l'absence de tout pouvoir discrétionnaire d'appréciation expressément donné aux Chambres, je crois qu'il faut dire que la responsabilité pénale des Ministres est régie aujourd'hui par le Code pénal. Chaque fois que les Ministres, dans l'exercice de leurs fonc-

____

(1) *Journal officiel*, 1879, p. 1023.

tions, se seront rendus coupables de quelque crime ou délit prévu et puni par le Code pénal, la Chambre des députés pourra, en vertu de la Constitution, les traduire devant le Sénat, et celui-ci prononcera les peines de droit commun. Hors de là la responsabilité pénale ne saurait trouver place et la responsabilité politique pourra seule s'appliquer.

Cette interprétation paraît avoir reçu une consécration législative, il y a une douzaine d'années, lors d'une proposition devant la Chambre de mise en accusation ministérielle (1). Le rapporteur de la Commission d'enquête avait relevé contre les Ministres incriminés deux chefs de responsabilité : d'une part, violation des lois constitutionnelles ainsi que de certaines autres dispositions légales ; d'autre part, crime de trahison. Or, l'honorable député avait soin de déterminer la base légale de ces accusations. C'est ainsi qu'à propos du premier chef, il faisait d'abord l'énumération des faits reprochés aux Ministres, tels que :

« Avoir par une politique ouvertement inconstitutionnelle remis en question l'existence de la République et jeté ainsi le pays dans une pertubation profonde ;

« Avoir fait un abus criminel du pouvoir qui leur était confié, et ce, dans le dessein de fausser les élections et de priver les citoyens du libre exercice de leurs droits civiques ;

« Etre intervenu dans les élections par la violence et la menace, par dons, faveurs, distribution de fonctions, décorations, etc. ;

« Avoir tenté d'influencer et influencé par des moyens coupables les magistrats chargés de mettre en mouvement l'action publique ou de rendre la justice. »

Puis, après cette énumération, le rapporteur ajoutait aus-

---

(1) Ministère de Broglie-Rochebouët.

sitôt : « Crimes prévus et punis par l'article 12 de la loi du 16 juillet 1875 et par les articles 109, 110, 114, 115 du Code pénal ». « Quant au crime de trahison, les Ministres s'en sont rendus coupables, disait le rapporteur : 1° en formant un complot ayant pour but soit de changer, soit de détruire la forme du gouvernement, ledit complot suivi d'actes commis ou consommés pour en préparer l'exécution ; 2° en prenant des mesures contraires aux lois ou à l'exécution des lois, par suite d'un concert pratiqué entre les dépositaires de l'autorité publique, — crimes prévus et punis par les articles 89 et 124 du Code pénal. »

Il est donc parfaitement établi que dans l'opinion de la commission d'enquête parlementaire, dont le rapporteur était l'interprète, les Ministres pouvaient bien être accusés et traduits devant la Haute-Cour en vertu de la Constitution de 1875 ; mais ils ne pouvaient l'être que pour des crimes prévus par le Code pénal et réprimés par lui.

C'est bien là, Messieurs, la théorie à laquelle nous croyons qu'on doit s'arrêter, dans l'état actuel de notre législation.

En Angleterre, non seulement il n'y a pas de loi spéciale de responsabilité pénale, mais même le principe de cette responsabilité ne peut être considéré comme une institution de droit constitutionnel. En réalité, il constitue la base de la théorie générale de la responsabilité juridique des fonctionnaires, et les questions qui s'y rattachent dans le droit actuel ont trouvé leur solution dans la tradition.

Les serviteurs immédiats de la couronne, c'est-à-dire les fonctionnaires les plus haut placés, sont soumis à la mise en accusation de la Chambre basse, c'est l'*impeachment*. D'après de nombreux précédents, les objets de l'accusation sont les manquements à la charge et on les assimile à la haute trahison. En droit, la responsabilité ministérielle s'étend non seulement à la légalité, mais encore *honesty*, *justice and utility* de toutes les mesures ; en fait, ce n'est alors que la responsabilité politique qui s'applique et le renversement du Ministère est la seule sanction.

Il n'y a plus guère à tenir compte aujourd'hui de ce qu'on appelait le *bill of attainder*. Ce bill est une sorte de loi-jugement, qui donne au Parlement un pouvoir discrétionnaire pour incriminer des actes et les punir. Ce fut là une arme terrible aux mains des partis politiques, et la liste est nombreuse de ceux que l'histoire nous montre frappés par cette procédure qu'on a qualifiée de « foudroyante ». C'est Strafford, ministre de Charles Ier, accusé de haute trahison ; c'est l'archevêque de Cantorbery, William Laud, auquel on reproche d'avoir excité le roi contre le Parlement et d'avoir favorisé le papisme ; c'est Montrose, Fenvick, et bien d'autres encore. Aussi un auteur anglais a-t-il pu dire : « Dans les procès de haute trahison, nos cours de justice différaient peu de vraies cavernes d'assassins. »

Ce n'est pas non plus en Italie que nous pourrions trouver de loi précise sur la responsabilité des Ministres. La Constitution italienne se borne à poser le principe et à donner à la Chambre des députés le droit de traduire les Ministres devant le Sénat, Haute-Cour de justice.

Même absence de précision dans la Constitution espagnole, d'après laquelle aucun ordre du roi ne peut être mis à exécution, s'il n'a été contresigné par un Ministre. « Les Cortès sont chargés, ajoute seulement la Constitution, de rendre effective la responsabilité ministérielle. »

Tandis qu'au contraire certains pays, comme le Portugal ou la Grèce, ont des lois déterminant expressément les crimes qui mettent en jeu la responsabilité ministérielle, d'autres font une distinction : d'une part on laisse le Code pénal recevoir son application pour tous les délits qu'il prévoit ; d'autre part on le complète en posant quelques règles générales. Un auteur belge, M. de Kerchove, a exposé cette théorie, dont s'est inspirée une loi récente de Roumanie. Cette loi déclare que toute disposition législative du Code pénal, concernant les infractions commises par les fonctionnaires publics dans l'exercice de leurs fonctions ou par les particuliers, est applicable aux Ministres, puis ajoute : « Sera puni de la détention de l'interdiction légale ou de l'incapacité d'occuper aucune fonction publique, le Ministre qui aura pris des dispositions contraires au texte de la Constitution ou aux prescriptions expresses d'une loi. »

Quelques constitutions, comme celle des Pays-Bas, déclarent punissable l'acte qui constitue la violation ou l'inexécution de la loi, même s'il est le résultat d'une erreur ou d'une faute, et si l'intention criminelle est absente. C'est en effet une question qui se pose, lorsqu'on édicte une loi sur la responsabilité ministérielle, de savoir si l'accusation ne doit viser que les actes dolosifs et ne pas se préoccuper des fautes. Mohl prétend que les bases de l'État doivent être également défendues contre la passion, la négligence et la paresse. Pour lui, il y aurait anomalie à punir dans la vie ordinaire un homme quelconque pour violation des droits d'un citoyen par simple *culpa* et de déclarer la même action inattaquable chez un homme dont l'emploi présuppose de la force d'esprit et des connaissances. Il ajoute que la difficulté de faire la preuve de la mauvaise intention serait alors un excitant à commettre des violations de la Constitution.

On va plus loin, et quelques-uns prétendent que les Ministres ne pourraient jamais, pour se soustraire à cette responsabilité, invoquer leur bonne foi et leur impéritie, car, ce faisant, ils reconnaîtraient, dit-on, qu'ils ont, dans leur propre intérêt et au détriment de l'Etat, accepté des fonctions qu'ils savaient trop lourdes pour leurs épaules. J'avoue que ces arguments me touchent peu, le dernier surtout, et je persiste à penser que la responsabilité pénale et l'accusation ministérielle dont on a dit qu'elles étaient l'*ultima ratio* de la politique, la dernière ressource de la résistance, doivent être employées contre les criminels et non contre les imbéciles. Pour ceux-ci, auxquels on ne peut en vérité demander de se connaître, ce qui serait contraire à leur état d'esprit, la responsabilité politique, et au besoin la responsabilité civile, suffisent amplement.

Mais, peut-être allez-vous croire, Messieurs, en m'entendant soutenir que je voudrais la responsabilité pénale restreinte dans des cas expressément indiqués par la loi; qu'à défaut de cette loi, dans l'état actuel de notre droit, l'accusation ministérielle doit trouver sa base et sa sanction dans le Code pénal; qu'enfin, il ne faut, selon moi, se servir de cette arme que contre les Ministres qui auraient agi avec une intention criminelle, peut-être allez-vous croire que je suis un ennemi de la responsabilité pénale des Ministres, ou bien que je partage l'opinion de ceux qui prétendent que l'état de notre civilisation et de nos mœurs réduisent les questions qui s'y rattachent, à un intérêt purement doctrinal et historique.

Loin de moi cette pensée : je n'ai garde d'oublier, en effet, que les hasards de la politique peuvent donner le pouvoir à des indignes, ou encore, à des gens qui n'aspirent à prendre les rênes du gouvernement que pour en changer la forme ; que, dès lors, il y a lieu d'instituer les plus sérieuses garanties, et la responsabilité pénale est de celles-là.

Certes, le plus souvent les votes de défiance, pour me servir de l'expression de Macaulay, remplaceront les arrêts de mort ; certes, la responsabilité politique suppléera le plus souvent à la responsabilité pénale. Mais qu'on se trouve une fois en présence d'un gouvernement composé d'hommes dont je parlais tout à l'heure et qu'une fortune aveugle aura

portés au pouvoir ; que le Ministère, violant les lois et es-
sayant de renverser la Constitution, refuse de se retirer
devant un vote des Chambres, l'utilité de la responsabilité
pénale apparaîtra bien alors tout entière.

Et si l'on m'objecte, comme le fait un auteur allemand,
qu'un procès ministériel agite et ébranle le pays, qu'il nuit
à l'extérieur au prestige de l'Etat, je répondrai que ce n'est
pas remédier au mal que le perpétuer, et qu'il faut frapper
sans hésitation et sans faiblesse, lorsqu'il s'agit de sauvegarder les institutions qu'un peuple s'est librement données.

J'ajoute que, de la rareté des accusations ministérielles,
on ne peut tirer de conclusion sur la valeur du principe
même : il est, en effet, fort possible que souvent le danger
d'une mise en accusation a pu engager un Ministre peu
consciencieux à éviter des expériences et à s'abstenir de
mesures illégales. L'utilité des lois de responsabilité est
principalement dans ce qu'elles retiennent moralement le
Ministre dans ses actions ; elles sont d'une nature plutôt pré-
ventive que répressive.

Et, d'ailleurs, il n'est pas vrai de dire que la responsabilité pénale n'ait pas trouvé dans la pratique la justification
de son existence. Faut-il rappeler les nombreux procès que
l'histoire nous rapporte : c'est celui de Belknap aux Etats-
Unis, c'est celui de lord Danby et d'autres encore en Angleterre ; de Gœrtz, en Suède ; de Lœwenskiold, en Norwège ;
en 1875, deux Ministres en Grèce, et, il y a quelques années
seulement, tout un Ministère norwégien étaient pénalement
frappés.

Le procès de Belknap, ministre de la guerre aux Etats-
Unis, mérite une mention particulière par les objections qui
y furent soulevées. Belknap s'étai', dans l'adjudication des
fournitures, montré quelque peu enclin à la corruptibilité.

Ses agissements ayant été dévoilés, il donna sa démission, qui fut acceptée par le Président, dans l'espoir que la compétence du Sénat pourrait être niée contre un Ministre hors fonctions. Le Sénat, appliquant avec raison le principe que pour déterminer régulièrement la compétence, il faut se reporter au moment où l'infraction a été commise, décida que la responsabilité, une fois établie, ne saurait disparaître avec la retraite du Ministre, et rejeta ainsi l'exception d'incompétence élevée par le défenseur. Ce premier moyen n'ayant pas abouti, le défenseur de Belknap recourut à un autre : il soutint que ceux des Sénateurs qui avaient voté pour l'incompétence ne pouvaient se prononcer pour la condamnation de Belknap, puisqu'ils avaient reconnu euxmêmes qu'ils n'avaient aucun droit de le juger. Si ce moyen réussissait, il était certain d'avance que la majorité des deux tiers requise pour la condamnation ne pouvait se trouver. Sur 62 sénateurs, 25 votèrent pour la non-culpabilité, en se basant sur leur incompétence pour juger un Ministre hors fonctions, sans remarquer que déclarer l'accusé non coupable, c'était rendre un jugement supposant la compétence. Belknap, malgré l'évidence, dut être acquitté.

En France, les Ministres de Charles X eurent à encourir la responsabilité pénale de leurs actes. Vous connaissez les faits : 221 députés contre 181 avaient voté une adresse déclarant au Roi qu'il n'existait aucun concours entre les vues politiques ou ministérielles et les vœux du pays. Le roi répondit par la dissolution de la Chambre. Trois mois après, en dépit d'une pression des plus violentes, en dépit de la suspension des opérations électorales dans vingt départements, les électeurs renvoyaient à la Chambre une majorité opposante plus considérable encore Devant ce verdict du pays, le Ministère devait se retirer : il reste, et M. de Peyronnet prépare trois projets d'ordonnances dont M. de

Chantelauze a rédigé le préambule : l'une suspend la liberté de la presse, la deuxième annule les élections, la troisième institue un nouveau système électoral.

Le préambule et les ordonnances sont lus le 25 juillet au Roi et aux Ministres : « La lecture achevée, rapporte Lamartine dans son *Histoire de la Restauration* (1), le prince de Polignac, président du Conseil, se leva et présenta à signer au Roi les ordonnances. Tout l'avenir de sa dynastie apparut à cet instant suprême à Charles X dans ces crimes contre la Charte réputés par lui nécessités et vertus. Son visage se voila et pâlit sous la contention du doute. Il écarta la plume et suspendit la signature. Le roi demeura cinq minutes dans l'attitude du doute religieux qui cherche par la pensée à se résoudre, puis relevant son front et comme attestant le ciel d'un long regard : « Plus j'y pense, dit-il, avec un accent triste, mais consciencieux, à ses Ministres, plus je demeure convaincu qu'il m'est impossible de ne pas faire ce que je fais » — et il signa! » C'était un coup d'Etat. Ce qu'il en advint, vous le savez, Messieurs : une accusation de haute trahison fut, au lendemain de 1830, formulée contre les Ministres signataires des ordonnances. En l'absence de toute loi précise, on dut pour l'accusation comme pour la procédure s'en tenir aux courtes définitions de la Charte ; mais il y avait la question de savoir ce que cette Charte avait voulu dire par l'expression de trahison, inconnue au droit français. La commission fut réduite à invoquer « la nécessité qui proroge tous les pouvoirs et qui est la plus impérieuse et la plus irréfragable des lois. » Les débats s'ouvrirent le 15 décembre, au milieu d'une agitation considérable. En vain les accusés élèvent-ils cet argument, peu solide d'ailleurs, que

---

(1) Livre XLVIII.

leur responsabilité ministérielle était devenue sans objet, par
suite de la responsabilité du roi devenue effective : le
prince de Polignac est condamné à la mort civile et à la
déportation, les autres Ministres à la détention perpé-
tuelle.

Messieurs, après avoir examiné, le plus brièvement qu'il
m'a été possible, la responsabilité pénale des Ministres dans
son principe, dans ses applications, dans ses limites, dans
son histoire, je devrais étudier avec vous la procédure de
l'accusation, de l'instruction et du jugement, procédure sur
laquelle la Constitution de 1875 avait promis une loi, et dont,
dans des circonstances récentes, le législateur a eu à s'occuper. Rassurez-vous, je n'en ferai rien. Il est seulement un
dernier point que je veux indiquer.

En France, c'est la Chambre des députés qui accuse, et
c'est le Sénat, constitué alors en Haute-Cour de Justice, qui
a mission de juger. Les Constitutions d'Angleterre, de Portugal, d'Italie, de Hongrie, d'Espagne, attribuent, elles aussi,
la juridiction politique au Parlement.

Au contraire, la Belgique, les Pays-Bas, l'Allemagne, la
Suisse, donnent compétence à la Cour suprême de droit
commun. D'autres pays renvoient les Ministres devant des
Hautes-Cours spéciales diversement organisées; telles sont
la Suède, la Bavière, l'Autriche, la Grèce, la Turquie même,
où l'on est étonné de rencontrer le principe de la responsabilité ministérielle. La Norwège et le Danemark instituent
une juridiction mixte composée de membres du Parlement
et de membres de la Cour suprême. Enfin, en Amérique, où
la responsabilité politique n'existe pas, le Sénat est bien
constitué en Cour de justice, mais il ne peut prononcer que
des peines politiques. Et M. Laboulaye dit à ce propos : « On
a senti qu'il y avait un danger immense à remettre la jus-

tice criminelle entre les mains d'un corps politique (1). »

Vous voyez par là, Messieurs, la délicate question qui se pose : Quel est, parmi les divers systèmes que les Constitutions emploient pour juger les Ministres, celui qui doit être préféré ? Ou, pour mieux dire : Que faut-il penser de l'attribution au Parlement de la haute juridiction politique ?

Si M. Laboulaye n'hésite pas à s'élever contre cette attribution, d'autres esprits, et des plus éminents, s'accordent au contraire à la préconiser.

C'est ainsi que, d'après M. de Broglie (2), ce serait un principe indiscutable que sous la monarchie représentative, la Chambre Haute, sous quelque nom qu'on la désigne, doit être, en matière d'Etat, la Haute-Cour de justice criminelle. Et M. Dufaure, reprenant cette théorie devant l'Assemblée nationale, affirmait que l'efficacité de la juridiction parlementaire était démontrée par l'expérience de tous les peuples libres.

Messieurs, en relevant des opinions contradictoires données à des époques différentes par certains hommes aux mêmes tendances et de même parti, en étudiant les circonstances dans lesquelles ces diverses opinions ont été émises, je me suis laissé aller à cette conclusion, qu'il était bien difficile en la matière de faire table rase d'idées préconçues, tirées de l'expérience. Selon que celui qui légifère voit le corps auquel il veut confier la juridiction politique composé en majorité de ses amis ou de ses adversaires ; suivant que celui qui veut émettre une appréciation sur le principe eût été, dans l'application historique, qu'il a forcément à l'esprit, le partisan des accusateurs ou au contraire celui des accusés, son avis différera complètement.

---

(1) *Histoire des États-Unis*, t. III, p. 297.
. (2) *Vues sur le gouvernement de la France.*

Et alors il m'a semblé que vous n'auriez pas plus de raisons de croire à ma complète impartialité que je n'ai eu foi en celle des autres, que par suite vous reprocheriez peut-être au jugement que je porterais de n'être pas tout à fait dégagé de l'influence de certains faits contemporains. Dans ces conditions, à la question que je posais tout à l'heure de savoir si notre Constitution a sagement agi, en faisant à l'occasion du Sénat une Haute-Cour de justice, j'ai préféré, mes chers confrères, laisser à chacun d'entre vous le soin de répondre.

II

Messieurs, traiter de la responsabilité politique des Ministres, c'est traiter de notre régime parlementaire lui-même. On peut dire en effet, que non seulement cette responsabilité est à la fois la base et la caractéristique de notre régime parlementaire, mais que ces deux institutions s'identifient entre elles. Et dès lors, vous comprenez pourquoi, au moment où quittant le domaine de la responsabilité pénale, j'aborde cette responsabilité politique, je tiens à déclarer que j'entends me placer sur le seul terrain du droit constitutionnel, et pourquoi je vous demande, mes chers confrères, de vous y placer avec moi.

C'est d'Angleterre que nous vient la responsabilité politique des Ministres, et comme tant d'autres institutions de ce pays, elle n'y fut pas inventée de toutes pièces : elle se créa peu à peu, se dégageant progressivement des nécessités politiques, se fortifiant par l'usage, revêtant enfin une forme définitive, jusqu'à ce que la tradition en eût fait une loi.

On vit tout d'abord quelques souverains, désireux d'obtenir du Parlement les subsides qu'ils sollicitaient, se séparer des Ministres qu'ils savaient lui déplaire. Ce fut ensuite la Chambre des Communes qui en 1641 adressa à Charles I la *Grande Remontrance*. « Il y a des cas fréquents, y était-il dit au roi, où les communes peuvent avoir de justes raisons de critiquer le choix de certains hommes comme conseillers du roi, sans qu'on puisse les accuser de crimes ; les subsides pour l'entretien du propre état du roi ne sauraient être accordés, si à l'avenir on n'emploie des Ministres auxquels le Parlement puisse donner sa confiance. »

L'importance de l'avertissement échappa à Charles I et peu de temps après, il mourait sur l'échafaud.

« Il fallut, dit Hallam, deux révolutions dans l'espace d'un demi-siècle et une dynastie de rois exilés à jamais pour infraction continue des droits de la nation, pour prouver la nécessité d'un changement vital dans la pratique, sinon dans la théorie de la Constitution ; » et ce changement dont parle Hallam, ce fut Guillaume III qui l'apporta. Le premier, il prit un Ministère représentant la même politique que la majorité du Parlement.

Mais la conception du Gouvernement parlementaire n'était pas encore bien comprise : en 1698 les élections ayant changé la majorité du Parlement, le Ministère demeura.

C'est en 1711 seulement que fut expressément énoncé dans la Chambre des Lords le principe que « le souverain ne doit pas être tenu pour personnellement responsable des actes du Gouvernement, mais que, suivant la Constitution fondamentale du royaume, les Ministres en sont responsables, et qu'aucune prérogative de la couronne ne peut échapper au contrôle parlementaire. »

C'était bien là le principe de la responsabilité politique des Ministres, mais c'était la responsabilité individuelle et non encore la responsabilité solidaire, et lorsque pour la première fois en 1742, Robert Walpole, frappé par un vote de défiance, se retire du ministère, ses collègues ne le suivent pas.

Enfin la solidarité des Ministres apparaissait à son tour en 1782, alors que le Ministère présidé par lord North se démettait tout entier, devant la certitude que la majorité du Parlement n'était plus avec lui, et dès lors les principes du Gouvernement parlementaire, affirmés encore une fois solennellement en 1807, ne devaient plus disparaître : il avait fallu deux siècles pour permettre à ce mécanisme politique de recevoir son organisation définitive.

La responsabilité politique des Ministres existait donc depuis longtemps en Angleterre qu'à peine la connaissait-on en France, et lorsque les cahiers des Etats généraux sollicitaient à l'envi la responsabilité des Ministres, ce n'est certes que la responsabilité judiciaire qu'ils avaient en vue.

Mirabeau fut le premier qui distingua ces deux sortes de responsabilité. Tandis que Mounier en 1789 déclarait qu'on ne pouvait solliciter du Roi le renvoi des Ministres, sans méconnaître le principe de la séparation des pouvoirs, et que la seule sanction était leur mise en accusation, Mirabeau, lui, soutenait que la mise en accusation n'était pas applicable à un Gouvernement auquel on pouvait seulement reprocher imprudence ou impéritie : « N'est-il pas absurde, disait-il dans son beau langage, de n'admettre aucun intermédiaire entre un morne silence et une dénonciation sanguinaire. Se taire ou punir, obéir ou frapper : voilà le système de nos adversaires. Et moi, j'avertis avant de dénoncer, je récuse avant de flétrir, j'offre une retraite à l'inconsidération et à l'incapacité avant de les traiter de crimes ; qui de nous a plus de raison et d'équité ? »

Mirabeau ne fut point entendu, et un an plus tard, la discussion recommençait à la suite d'un projet de décret portant que le Président de l'Assemblée irait représenter au Roi que

« la méfiance conçue par la Nation pour les Ministres actuels oppose les plus puissants obstacles à l'établissement de l'ordre public et de la Constitution » Cazalès se récria : Pour lui on aboutissait ainsi à cumuler les pouvoirs dans les mains du corps législatif, alors que c'est sur leur indépendance que repose la liberté publique. « Si, disait-il, pour déterminer le monarque dans le choix ou le renvoi de ses agents, l'Assemblée s'arroge le droit de lui présenter le vœu des peuples, son choix ne sera plus libre, car à la longue, les vœux des peuples sont des lois. » Barnave protesta qu'il ne s'agissait pas d'attenter à l'autorité royale, mais qu'il s'agissait de la chose publique. Ses efforts furent vains, et la responsabilité politique ne trouva pas place dans la Constitution de 1791, non plus que dans les Constitutions qui suivirent.

J'ai eu déjà l'occasion de dire que c'est dans la Charte de 1814 que l'on trouve la première ébauche de la responsabilité politique. Elle résultait de ce que les Ministres, d'après l'art. 54, pouvaient être membres de la Chambre des pairs ou de la Chambre des députés, qu'ils avaient leur entrée dans les deux Chambres et qu'ils devaient être entendus chaque fois qu'ils en faisaient la demande. Mais chose bizarre ! On connaissait si peu la responsabilité politique des Ministres, on s'entendait si mal sur sa sphère d'action et sur ses conséquences, que tandis que des parlementaires tels que Royer-Collard niaient l'obligation pour le roi de prendre ses Ministres d'après les indications de la majorité du Parlement, c'était Chateaubriand et autres fervents royalistes qui, défendant les principes du régime parlementaire, voulaient que le Ministère fût en harmonie constante avec cette majorité : il est vrai qu'à ce moment elle était formée de leurs amis !

Quoi qu'il en soit, le principe était désormais admis, et il subsista dans toutes les Constitutions. Celle de 1852 seule y porta un moment atteinte; mais les sénatus-consultes des 8 septembre 1869 et 21 mai 1870 ne devaient pas tarder à le rétablir.

Les lois constitutionnelles de 1875 dans leur article 6 décrétèrent exprescément la responsabilité politique des Ministres. Mais là encore, le législateur, se contentant de poser le principe, s'est tu sur son organisation et sur ses applications: la tradition a fait le reste.

Tandis que la responsababilité pénale maintient le pouvoir exécutif dans la légalité, la responsabilité politique donne le moyen de résoudre pacifiquement et en peu de temps les conflits qui peuvent s'élever entre l'exécutif et le législatf.

Lorsque le Parlement estime que les Ministres ne remplissent pas les conditions d'un bon gouvernement, soit qu'il y ait lieu de leur reprocher négligence ou incapacité, soit que la direction de leur politique ne semble pas conforme aux vœux du pays, il leur refuse son concours. La responsabité politique a donc l'avantage de maintenir l'accord des pouvoirs et on l'a définie : « La nécessité d'un Ministère homogène, solidaire, constamment en accord avec la majorité du Parlement, et faisant place, aussitôt que cet accord cesse à un autre Ministère qui est choisi dans la majorité nouvelle et qui rétablit par son avènement l'accord interrompu (1). »

Je sais bien que Daunou émettait la prétention d'avoir, dans ses insomnies, trouvé la seule vraie définition qui convienne au régime parlementaire : pour lui c'est un gouvernement dans lequel les députés font et défont les Ministres, lesquels font et défont les députés ; mais je préfère m'en tenir à la première définition.

---

(1) Savary. *Conférence Tocqueville.*

L'utilité de la responsabilité politique n'est pas seulement de mettre le pouvoir exécutif dans la dépendance du pouvoir législatif, mais encore de donner au premier une influence sur le second, en lui permettant de diriger les travaux du Parlement, et de lui faire suivre une politique déterminée.

Du moment que l'on donnait aux Chambres la surveillance des actes du pouvoir exécutif, il était naturel de laisser aux représentants de ce pouvoir, la faculté de se faire entendre par elles. On a donc décidé que si le Président de la République pouvait prendre ses Ministres soit en dehors du Parlement, soit dans son sein, ceux-ci auraient du moins en tous les cas l'entrée de l'enceinte législative. L'Assemblée Constituante de 1789 ne l'avait pas admis, et sur ce point encore, Mirabeau avait protesté, soutenant à juste titre que leur présence permettait « de faire rendre compte aux agents de l'autorité, de les surveiller, de les instruire, de comparer les moyens avec les projets et d'établir cette marche uniforme qui triomphe de tous les obstacles. » Par une anomalie inexpliquée, en Angleterre, les Ministres, membres de la Chambre des Lords, n'ont pas entrée dans la Chambre des Communes, et les Ministres, membres de cette dernière Assemblée, n'ont pas entrée dans la Chambre Haute.

Mais cela ne suffisait pas : il fallait organiser les moyens pratiques de faire connaître aux représentants du pays la situation politique et la manière dont les lois étaient exécutées. A cet effet, l'usage est venu suppléer à l'insuffisance de la loi par plusieurs institutions. D'une part, les Ministres doivent faire distribuer aux Chambres des documents imprimés ; d'autre part, les Chambres ont le droit d'enquête, que certains auteurs considèrent comme un rouage essentiel des gouvernements parlementaires, et qui permettent en effet de pénétrer plus avant dans tout ce qui touche à la gestion des affaires publiques. Enfin, les membres du Parlement possèdent un troisième moyen de contrôle : ils peuvent inviter le Gouvernement à leur fournir des explications, soit sur la politique générale du Ministère, soit sur des faits particuliers : c'est le droit de poser des questions et d'adresser des interpellations. Si la loi n'en a pas fait mention expresse, vous savez, Messieurs, que l'usage l'a amplement consacré : En Angleterre, par exemple, dans une seule session, les questions et interpellations inscrites à l'ordre du jour de la Chambre des Communes, avaient atteint le chiffre de 1,343, et je ne sache pas que, non plus en France, il soit tombé en désuétude.

La responsabilité politique des Ministres une fois mise en jeu, les membres du Parlement n'ont à leur disposition qu'une seule sanction : provoquer la chute du Ministère. Ils le peuvent soit en votant une déclaration portant que le Ministère n'a plus leur confiance, soit en blâmant une mesure prise par le cabinet ou par tel de ses membres, soit en refusant ce que le Gouvernement sollicite, soit enfin en adoptant ce qu'il combat. Tantôt un seul Ministre sera visé, et lui seul devra déposer le portefeuille, tantôt tout le Ministère devra se retirer.

Tels sont les principes qui constituent le gouvernement de cabinet ou la responsabilité parlementaire.

Mais est-il bien exact de parler de responsabilité parlementaire et faut-il décider que les Ministres sont également responsables devant la Chambre des députés et devant le Sénat ; est-il vrai de dire que pour pouvoir demeurer, un cabinet doit avoir l'appui de la majorité dans l'une et l'autre de nos deux Assemblées ?

Prise à la lettre, la Constitution ne laisse pas place au doute : son article 6 dit expressément que c'est devant LES CHAMBRES que les Ministres sont responsables. Il n'y

aurait donc lieu en droit à aucune distinction et la rigueur
des principes conduirait à décider que le Ministère doit se
retirer, lorsqu'il a perdu la majorité soit de la Chambre, soit
du Sénat.

La tradition est contraire à cette interprétation, et en
fait, il est nécessaire, mais il suffit que le Ministère ait
l'appui de la majorité de la Chambre des députés. On peut
en faveur de cette solution invoquer des considérations pratiques. D'abord il est inutile d'augmenter encore les chances
de crises ministérielles, qui sont déjà suffisamment nom-
breuses. D'autre part, il y aurait une très grande difficulté
pour le Ministère d'être constamment en complète harmonie avec l'une et l'autre Chambre. Et puis la véritable mission du Sénat n'est pas de s'emparer de la direction du
mouvement politique et de provoquer la chute des Ministères : son rôle est de régler le travail législatif, d'apporter
l'esprit de suite dans la conduite des affaires du pays, de
s'opposer au progrès mal entendu, aux innovations irré-
fléchies, aux réformes inopportunes. C'est d'ailleurs la
théorie admise dans presque tous les pays qui, adoptant le
régime parlementaire, ont reconnu la nécessité de deux
Chambres « cet axiôme de la science politique ». La Constitution portugaise est peut-être la seule qui fasse exception à
cet égard.

Mais je me hâte de dire qu'il ne faudrait pas aller trop
loin et, confondant le fait avec le droit, prétendre que le Sénat ne saurait parler au nom du corps électoral. Ce serait
méconnaître étrangement la composition de ce qu'on a
appelé le Grand Conseil des communes de France, et si les
membres de la Haute Assemblée estimant de l'intérêt supérieur du pays d'amener le renversement du Ministère, re-
fusaient tout rapport avec lui et repoussaient systématique-
ment toutes les lois qu'il lui présenterait, il faudrait bien que
ce Ministère s'inclinât et se démît.

Toujours est-il qu'en thèse générale, c'est la Chambre des députés qui est maîtresse de la destinée du Gouvernement ; c'est elle qui a son sort entre ses mains. Mais si les Ministres doivent se retirer lorsque la Chambre leur aura par un vote formel refusé sa confiance, s'ils le doivent même lorsqu'il devient évident à la suite de faits quelconques et sans déclaration expresse, qu'ils n'ont plus avec eux la majorité de l'Assemblée, il est juste aussi de reconnaître qu'il n'est du devoir ni moral, ni constitutionnel des Ministres d'abandonner leurs portefeuilles pour tout vote émis, non conforme à leur vœu, si on ne peut en induire de la part de la Chambre une marque de défiance. Bien plus, il est des cas où, quoique en désaccord avec l'Assemblée sur des questions importantes, voire même sur la politique générale, les Ministres doivent résister. C'est que dans un régime représentatif tout se réduit à une question de confiance : Il y a une présomption d'après laquelle les Chambres ont la confiance du pays et exécutent ses vœux. D'où l'obligation pour le Gouvernement de s'incliner devant la souveraineté nationale, lorsqu'il se trouve en conflit avec ceux qui la représentent. Mais cette présomption est « juris tantum » ; elle peut, dans des circonstances données, se trouver injustifiée. Alors naît pour le Ministère le droit à la résistance. S'il estime que la majorité de la Chambre des députés ne représente plus la majorité du pays, s'il croit que les mandataires ne remplissent pas leur mission au gré de leurs commettants, il peut et doit rester à son poste, et engager aussitôt le Président de la République à demander au Sénat une consultation du pays. Ainsi se justifie le droit de dissolution.

Messieurs, la dissolution de la Chambre des députés, dont le décret doit être contresigné par un Ministre responsable, est un des actes les plus graves de la responsabilité ministérielle. Aussi le droit pour le Président d'y recourir ne fut-il pas admis sans difficultés dans la Constitution actuelle, et l'art. 5 qui le consacre donna lieu aux plus vives discussions : « Ce droit, s'écriait M. Emile Lenoël, ne se comprend qu'en monarchie ! C'est grâce à lui que le souverain tranche le conflit entre lui et la Chambre, en renvoyant les députés devant le pays. Mais ici, que vient-on vous demander ? On vous demande d'accorder le droit de dissoudre l'Assemblée à un mandataire qui a reçu pouvoir d'elle. En sorte que voilà maintenant que le mandataire pourra révoquer le mandant ! »

M. Vallon et M. Dufaure défendirent au contraire le droit de dissolution comme attribution essentielle du pouvoir exécutif, quel que fût son chef, et l'Assemblée leur donna gain de cause. Ce fut avec raison. Le droit de dissolution est inséparable, dans l'histoire, de tout vrai régime parlementaire. Seul, il permet le dénouement pacifique des conflits, que n'a pu résoudre un simple changement de ministère, et sur lesquels le corps électoral se prononcera souverainement. Et par là, se trouvera écarté tout danger de coup d'Etat, soit du pouvoir exécutif, soit du pouvoir législatif.

D'ailleurs, en subordonnant le droit pour le Président de dissoudre la Chambre au consentement du Sénat, en faisant intervenir dans l'exercice de ce droit un corps émanant de l'élection, outre qu'on l'a entouré de garanties sérieuses, on a enlevé à la prérogative du Président le caractère monarchique qu'il pouvait avoir; et en associant au pouvoir exécutif une fraction du pouvoir législatif contre l'autre, on a répondu à l'objection que, délégué de la représentation nationale, le Chef de l'Etat ne pouvait être autorisé à porter spontanément la main sur elle. J'ajoute que, loin de constituer un outrage ou un attentat aux droits du peuple, la dissolution est au contraire une reconnaissance formelle de sa souveraineté : c'est un appel à l'opinion du pays.

En raison même des principes sur lesquels ce droit de dissolution est fondé, il serait absurde de prétendre, en invoquant le silence de la Constitution sur ce point, qu'une fois les élections faites, un nouveau décret de dissolution pourrait intervenir. Comme le disait Thiers, si le législateur n'a pas indiqué que le pays ayant répondu, on ne saurait l'interroger une deuxième fois, ni une troisième, c'est qu'on ne suppose pas la folie ni chez les gouvernants ni chez les gouvernés.

Lorsqu'une dissolution a été régulièrement prononcée et que les élections ont été faites, la nouvelle Chambre doit faire connaître par un moyen quelconque au Gouvernement, s'il a ou non sa confiance, et le Ministère ne devra se déterminer à conserver le pouvoir ou à l'abandonner, qu'une fois la volonté du Parlement connue.

En Angleterre, lorsqu'un nouveau Ministère est pris dans la minorité, on lui accorde « un franc jeu », c'est-à-dire qu'on ne l'atteint pas immédiatement par un vote de défiance. On lui laisse le temps d'agir et on le voit à l'œuvre. C'est ce que Pitt exprimait en disant que les nouveaux Ministres ont droit, à leur entrée en fonctions, à une *confiance constitutionnelle*, et Robert Peel en soutenant que la Chambre ne pouvait refuser aux Ministres *fair trial*, c'est-à-dire un loyal essai.

En France rien de pareil, et dès qu'un cabinet se présente devant les Chambres, elles peuvent adopter un ordre du jour motivé déclarant qu'elles n'entreront pas en rapport avec lui (1).

____

(1) Ordre du jour du 24 novembre 1871.

Messieurs, vous n'ignorez pas que la responsabilité politique des Ministres et le parlementarisme en général sont depuis quelques années l'objet de vives attaques. C'est aux Ministres qu'en 1789 on imputait toutes les souffrances du peuple, et on demandait à grands cris leur responsabilité : Un siècle plus tard, c'est au régime parlementaire que certains esprits attribuent volontiers tous les maux qu'ils constatent, et ils en poursuivent énergiquement la chute.

Je n'ai ni le loisir, ni l'intention de me faire ici leur porte-parole, et je songe d'autant moins à étudier en détail toutes les critiques qu'on a élevées contre notre système constitutionnel, que tout a été dit et que je viendrais trop tard. Quand je vous aurai rappelé qu'on gémit sur ce que l'on nomme le fléau des influences parlementaires et sur la maladie du fonctionnarisme, quand je vous aurai cité la chasse à courre des ministères, les compétitions de pouvoir, que dissimulent mal les luttes de la politique, l'ingérence abusive des coteries dans l'Administration ; lorsque enfin à tout cela j'aurai ajouté les résolutions improvisées, les débats confus trop prolongés, les interpellations intempestives sur la politique extérieure, les coalitions des divers groupes de l'opposition, j'aurai donné un résumé peut-être incomplet encore, mais à coup sûr suffisant, de tout ce qu'on impute au parlementarisme.

Messieurs, il est un mal à la fois plus sérieux et plus certain que tout ce qui précède, et qui tient plus particulièrement à la responsabilité politique des Ministres devant les Chambres : je veux parler du peu de stabilité des Ministères. Déjà Alfred de Musset faisait dire à un de ses personnages : « Ce sont de drôles d'auberges que vos Ministères ! On y entre et on en sort sans savoir pourquoi. » Cela est encore plus vrai aujourd'hui. Les Ministères n'ont ni durée ni consistance ; ils se succèdent avec une rapidité désolante. Or cette instabilité est des plus nuisibles à la bonne marche des affaires. Il est impossible à un Ministre de mûrir quelque projet à longue échéance ; l'esprit de suite n'existe pas ; la tradition routinière des bureaux peut se donner libre cours, et tandis que le Parlement, épuisé à faire les Ministères, néglige ainsi sa mission législative, les Ministres, absorbés par les questions et interpellations de toutes sortes, ne trouvent plus le temps de préparer des propositions de loi.

Si, en effet, les interpellations sont le procédé le plus efficace pour agir sur la politique gouvernementale, si elles constituent le moyen de contrôle le plus sérieux, au point que Thiers affirmait qu'à cet égard elles sont plus importantes que les lois, il faut avouer qu'elles ont servi plus souvent des rancunes personnelles ou des compétitions que les véritables intérêts du pays, que si quelques-unes ont été provoquées par une innocente curiosité ou une vanité excusable, un grand nombre d'entre elles avaient pour but délibéré de mettre obstacle aux affaires publiques.

Le droit d'interpellation fut consacré par la loi du 27 avril 1791. Il résultait de l'art. 27, qui portait que les Ministres seront tenus de rendre compte, en ce qui concerne l'administration, tant de leur conduite que de l'état des dépenses et affaires, toutes les fois qu'ils en seront requis par le Corps législatif. Mais le véritable exercice du droit d'interpellation ne date que de la monarchie de juillet, alors que Mauguin demande au Ministère des explications sur les relations extérieures de la France, affirmant, malgré le Président de la Chambre, le droit des députés d'interpeller le Gouvernement. Depuis lors, il fut constamment pratiqué. Il est question aujourd'hui de le réglementer, d'essayer de le rendre moins abusif et moins tapageur.

On a proposé un autre remède à l'instabilité ministérielle, ou plutôt, on a voulu en atténuer et en restreindre les fâcheux effets. Il y a deux ans à peine (1), M. Gaudin de Vilaine déposait sur le bureau de la Chambre un projet de résolution, tendant à reviser l'art. 6 de la loi constitutionnelle du 25 février 1875, relatif à la responsabilité des Ministres, et à placer les départements de la guerre et de la marine en dehors des combinaisons gouvernementales. L'honorable député invoquait d'abord la contradiction qu'il y avait, selon lui, à supprimer la politique dans l'armée, en retirant à tous les militaires en activité le droit de vote et l'éligibilité, et à laisser en même temps ceux auxquels incombent les plus lourdes responsabilités envers la défense nationale, c'est-à-dire les chefs de nos armées de terre et de mer, soumis, par la solidarité ministérielle, aux préoccupations et aux dissentiments de cette même politique.

Mais ce que voulait surtout M. Gaudin de Vilaine, c'était faire disparaître l'instabilité dans le commandement, la direction et l'organisation des forces militaires de notre pays. Il faisait remarquer que, tandis qu'une puissance voisine avait su confier depuis plus de 70 ans et successivement à trois hommes seulement la haute direction de sa réorganisation militaire, nous donnions, nous, cet affligeant spectacle de Ministres se succédant sans cesse et ayant dans l'exercice de leurs fonctions une durée moyenne de 8 à 10 mois. Il concluait qu'en faisant des Ministres de la guerre et de la marine des hommes politiques, dont les moindres oscillations parlementaires amènent le renversement, on créait le désordre et l'impuissance, et qu'on mettait à néant les projets militaires les mieux élaborés. En conséquence, il proposait d'apporter à l'article 6 les modifications suivantes : les titulaires de ces deux départements seraient pris désormais en dehors des Chambres ; ils ne feraient point partie

---

(1) Séance du 12 janvier 1888.

du Gouvernement et relèveraient directement du Président de la République, qui les choisirait sur une liste dressée par le Conseil supérieur de la guerre ou le Conseil d'amirauté.

L'intention était louable : mais c'était rien moins que bouleverser la Constitution et arriver à la négation complète du régime parlementaire. Le rapporteur de la commission, chargée d'examiner le projet, disait avec raison que sous prétexte de faire l'unité, on allait créer dans le Gouvernement deux actions parallèles, fatalement exposées à se trouver en lutte : on allait mettre le Parlement en face de deux responsabilités. Et puis par quels moyens pratiques isoler l'Administration de la guerre de la politique générale, à laquelle elle est intimément liée ; comment le Ministre des finances pourrait-il préparer son budget en dehors du Ministre de la guerre, sans se solidariser avec lui ? Sans compter que l'instabilité serait loin de disparaître : les Chambres ne peuvent renoncer à leur contrôle ; or parler de contrôle, c'est parler de responsabilité. Ce ne serait plus aux Ministres qu'on ferait remonter cette responsabilité, mais au Président de la République, duquel ils dépendraient. En sorte, qu'au lieu de crises ministérielles, on aurait des crises présidentielles, bien plus néfastes encore, et la chute du Président entraînerait elle-même le renversement des Ministres qu'il aurait choisis.

Ce n'est donc pas en portant atteinte au principe de la solidarité ministérielle, qu'il faut chercher à remédier à l'instabilité. La responsabilité solidaire combinée avec la responsabilité individuelle, qui permet à un gouvernement de désavouer un ministre, seul coupable d'une faute ou d'une maladresse, est une des conditions nécessaires pour la bonne gestion des affaires publiques.

On a cherché ailleurs : les uns, avec Prévost-Paradol,

voudraient faire nommer le Président du Conseil par la Chambre des députés et laisser à ce Ministre le droit de choisir ses collègues, remède, selon nous, pire que le mal et qui mènerait tout droit à la domination absolue de la Chambre. D'autres ont demandé l'incompatibilité des fonctions législatives et des fonctions ministérielles. On éviterait aussi la course des portefeuilles et d'autant, les chances de changement de Ministères. C'était la théorie que soutenait déjà Frédéric Bastiat en 1848. Des troisièmes, plus malins encore, proposent d'associer la durée du Ministère à la durée du Parlement, la chute de l'un devant entraîner la dissolution de l'autre. Enfin les adversaires de la responsabilité politique des Ministres et du gouvernement de cabinet en appellent volontiers à l'exemple des Etats-Unis.

La Constitution américaine ne connaît pas la responsabilité politique des Ministres. Le Président de la République est seul investi du pouvoir exécutif, et les Ministres, qu'il serait plus juste d'appeler des secrétaires d'Etat, ne peuvent être membres du Congrès, ni même y avoir leur entrée. Pas de cabinet homogène et responsable, et, partant, pas de moyen pacifique de résoudre les conflits, s'il vient à s'en élever entre le Président et les Chambres. D'autre part, c'est exclusivement le Congrès qui a l'initiative des projets de loi. Mais comme on ne peut guère demander à une assemblée nombreuse de faire œuvre utile de préparation, le Congrès est partagé en 47 Comités permanents, et les représentants y sont répartis par le Président de la Chambre de telle sorte que l'adoption des bills, auxquels tient ce haut personnage, ait chance de succès. Le rôle de ce « speaker » est, par suite, tellement important, qu'on a pu dire que, dans la grande République des Etats-Unis, la direction générale du pouvoir législatif appartient à un seul homme. Entre les divers Comités, aucune communauté d'idées, aucune solidarité, mais bien plutôt hostilité sourde. Le Congrès né dispose en aucune mesure ni des portefeuilles, ni dé la marche des affaires publiques ; le Président de la République, qui peut avoir sa politique indépendante, choisit ses Ministres où et comme il lui plaît, et il lui est loisible d'arrêter par son droit de veto l'exécution de toute loi.

Vous voyez, Messieurs, par cet aperçu du système constitutionnel américain, que si le gouvernement des Etats-Unis ne comporte pas certains des abus qu'on attribue à notre régime parlementaire, en revanche, d'une part, il en laisse subsister quelques-uns, et il a, d'autre part, des vices qui lui sont propres. C'est ainsi que la situation des fonctionnaires, menacée tous les quatre ans, lors du changement du Chef de l'Etat, est bien plus encore que chez nous, subordonnée aux considérations politiques, et les nécessités électorales ont introduit « l'ignorance et la vénalité » dans l'Administration américaine. Les Comités se sont emparés du pouvoir législatif si bien que ni la nation ni même le Congrès n'ont le moindre contrôle. Il y a absence totale de publicité et de responsabilité, en sorte qu'il n'est point rare de voir les lois s'inspirant plutôt d'intérêts privés que de considérations d'utilité générale. Enfin M. de Laveleye (1) reproche à la Chambre des représentants des Etats-Unis de ne contribuer en rien à l'éducation politique de la nation. Les représentants ne font pas de grands discours, et si une lutte s'engage entre les partis, on ne cherche pas à faire assaut d'éloquence, on s'efforce simplement de trouver les moyens propres à faire de l'obstruction : c'est ce que là-bas ils nomment *flibusteering*. Bref, un ancien Ministre américain a défini le gouvernement des Etas-Unis : « un despotisme absolu, irresponsable, exercé à l'abri des formes cons-

____

(1) *Revue des Deux-Mondes*, 1886.

titutionnelles par six personnes », dont l'écrivain nous donne l'énumération.

N'envions donc pas, outre mesure, mes chers confrères, l'organisation politique de la libre Amérique, et reconnaissant les avantages de la responsabilité des Ministres et de notre régime parlementaire tout entier, cherchons plutôt le moyen de faire disparaître, ou tout au moins d'atténuer les défauts que, comme tout autre système constitutionnel, il peut comporter. Le véritable remède consiste, selon moi, dans le progrès des mœurs parlementaires et dans la stricte interprétation du régime que nous possédons; car, j'estime que la plupart des maux qu'on signale tiennent, non pas au régime lui-même, mais à ceux chargés de son application.

Tout gouvernement représentatif est un gouvernement de partis; or, la discipline est nécessaire au sein des partis ; si chacun veut faire prévaloir son idée, aucune majorité n'est possible : « Qu'est-ce à dire ? s'écriait un Lord anglais à son petit-fils, qui annonçait l'intention de voter au Parlement selon sa conscience. Vous votez avec votre famille, Monsieur, comme un ȴgentleman. Vous n'avez pas à considérer vos opinions comme ferait un philosophe ou un aventurier ! » Je ne demande pas qu'on aille jusque-là. Je ne demande même pas que, par stabilité ministérielle, on entende l'obligation de soutenir, de tout temps, et quoi qu'il fasse, un Ministère quelconque; sans quoi, le régime représentatif serait une duperie. Ce que je veux, c'est qu'on soutienne énergiquement un Ministère avec lequel on s'est mis d'accord sur les points principaux de la politique gouvernementale et qui travaille à la réalisation d'un programme commun. Ce que je souhaite, c'est qu'on ne se serve pas du parlementarisme exclusivement pour faire de l'obstruction ministérielle, c'est qu'on ne puisse plus dire que le secret de notre régime consiste en ceci : que la moitié des gens les plus habiles du pays se donne toutes les peines du monde pour empêcher l'autre moitié de gouverner ! Ce que je réprouve enfin, c'est de voir une Chambre renverser successivement deux Ministères, l'un, parce qu'il se sera opposé à une certaine réforme et l'autre, parce qu'il se sera fait le défenseur de cette même réforme.

D'autre part, il faut que les Ministres ne sortent pas de leur devoir. Eh quoi ! Vous, Monsieur le Ministre de tel département, vous proposez à la Chambre une loi ou une mesure quelconque ni de politique générale, ni d'intérêt primordial, et vous venez dire que vous vous retirerez, si la Chambre ne se prononce pour son adoption. Mais, est-ce là la véritable responsabilité politique, est-ce là le vrai régime parlementaire ? Est-ce donc vous qui avez mission de faire la loi ? Vous avez le droit d'initiative ; vous avez le devoir d'indiquer la solution qui vous semble la meilleure, mais il vous faut vous incliner ensuite devant le vote de la Chambre, qui a seule le pouvoir législatif. Si vous n'agissez ainsi, si à chaque proposition vous mettez les députés dans l'alternative de se ranger à votre avis, ou de provoquer une crise, vous enlevez au Parlement sa liberté d'appréciation, et vous pratiquez ce qu'on a spirituellement appelé du chantage ministériel.

Qu'on applique donc le parlementarisme suivant ses principes et qu'on n'allègue pas qu'il ne vaut rien, alors qu'on en fausse les rouages ; quelle que soit la forme du gouvernement à laquelle il soit attaché, Monarchie ou République, ce n'est pas son institution qui est mauvaise, c'est l'usage qui en est fait.

La responsabilité des Ministres et le gouvernement de cabinet qui en résulte, ont deux immenses avantages : d'une part, ils maintiennent l'accord des pouvoirs; d'autre part, ils permettent au peuple de voir clair dans ses propres affaires et de contrôler ceux qui les conduisent. « La guerre des portefeuilles vous importune, a dit Prévost-Paradol, que penseriez-vous du défaut de contrôle ! »

Certes, en regard de ces qualités, il y a des défauts. Mais est-il une Constitution qui n'en comporte pas ? Un de nos anciens et très distingués confrères, M. Saint-Girons, dans son excellent livre sur la séparation des pouvoirs (1), se demande à propos du régime parlementaire, si nous serons éternellement victimes de notre manie de perfection. « Ne saurons-nous pas, ajoute-t-il, accepter un système avec tous les inconvénients qu'il comporte ? Les défauts des hommes et des institutions constituent la rançon nécessaire de leurs qualités et de leurs avantages..... Supprimer les passions humaines, conclut M. Saint-Girons, est impossible : il vaut mieux leur faire la part du feu et se résigner à quelques inconvénients pour obtenir un plus grand bien. »

Messieurs, on ne saurait mieux dire ; et pour ma part, je crois, loin de partager l'opinion et l'espérance de ceux qui prédisent la chute prochaine dans toute l'Europe du régime parlementaire, que la fin de notre siècle verra au contraire, son établissement général et définitif. Puisse-t-il au moins, demeurant en France, y donner tous les heureux résultats qu'on est en droit d'en attendre, à la grande gloire de la liberté, et pour le plus grand bien de notre Patrie !

(1) Page 319.

Lyon. — Imprimerie Mougin-Rusand, rue Stella, 3.